100 conseils pratiques pour la maison de personnes hypersensibles en 20 jours
par Alain de Raymond

À tous ceux qui m'ont soutenu lors de l'écriture
de ce livre - en particulier mes parents.

5

Table des matières

Introduction: la maison des PHS en 100 conseils

Vivre comme une personne à haute sensibilité (PHS) est difficile à imaginer pour les personnes qui ne sont pas aussi sensibles. Entendre le bruit d'un oiseau pendant que tout le monde parle. La nécessité de se retirer après une longue réunion. Se sentir anti-social mais pourtant aimer les conversations profondes. **La vie des PHS est différente**.

Un point de grande importance pour les PHS est de se sentir bien dans sa propre maison. C'est votre foyer à vous. C'est où vous vivez. C'est où vous passez la plupart de votre temps. Si vous n'arrivez pas à trouver **un bon équilibre** pour vous-même dans votre propre maison, où le trouverez-vous?

De nombreux livres ont été écrits à propos de l'hypersensibilité. Cependant, la plupart de ces livres ont tendance à traiter les relations avec les autres ou sont remplis de conseils pour s'accepter soi-même en tant que PHS. Le but de ce livre-ci est de donner des **conseils pratiques** pour votre maison, afin de faciliter votre vie en tant que PHS et pour améliorer votre qualité de vie.

Les PHS ont beaucoup de traits communs, mais **chaque PHS est différent**. Certains sont introvertis, d'autres extravertis. Quelques-uns écrivent des livres, d'autres ne peuvent conduire et les enfants ont besoin d'une approche spécifique. Alors, sélectionnez les conseils qui vous aident.

Voyons donc **100 conseils** pour votre maison. Nous commençons avec ce que vous pouvez faire maintenant. Puis, nous continuons avec des conseils pour le restant de la journée, suivis par des astuces pour les jours, semaines et mois qui viennent. Nous nous concentrerons sur les 20 premiers jours. A la fin du livre, vous trouverez des liens utiles, tout comme des conseils pour trouver une maison et comment habiter avec des enfants.

Voici deux liens avant de commencer:

-Suivez mon **cours** en ligne (en anglais) comment vivre avec sa sensibilité. Au boulot, en voyage et bien plus de sujets.[1]

-Si Adam Smith est le père des théories des marchés, **Dr Elaine Aron** est la mère des études sur les personnes hypersensibles. Faites son test et trouvez de nombreux conseils sur son site web.[2]

Alors, commençons!

Alain

---

[1] Réduction sur udemy.com/highly-sensitive-persons-how-to-deal-with-your-sensitivity/?couponCode=BOOK-CODE23.

[2] Faites le test en français sur leshypersensibles.ch/hyper-sensibilite/suis_je_hypersensible.

1. Maintenant

Commençons par ce que vous pouvez faire en ce moment, pendant que vous êtes en train de lire ce livre. Alors, que peut-on faire maintenant?

Conseil n °1: Prenez une bouteille d'eau et **buvez**. L'eau est une des meilleures boissons qu'il y a sur le marché. Plus tard, recherchez combien de litres vous devriez boire en fonction de votre taille et de votre poids. Ou demandez-le à votre médecin de famille. L'eau peut également avoir de bons effets psychologiques, selon certains psychologues.

Conseil n° 2: Vous écoutez de la **musique** pendant la lecture de ce livre? Super, la musique peut avoir un effet calmant. Créez donc quelques listes de chansons automatiques que vous pouvez mettre selon votre humeur. Assurez-vous d'avoir votre 'liste-après-le travail' prête pour terminer votre prochaine journée de travail.

Conseil n°3: Une bonne alternative est de préparer des **'bruits blancs'** prêts, comme par exemple des [gouttes de pluie](), du piano ou de la flûte. Ces bruits blancs sont plus forts que les petits bruits que les PHS entendent qui peuvent vous distraire. Et n'hésitez pas de demander aux autres de diminuer leur volume. Ou mettez tout simplement des écouteurs.

Conseil n°4: Quelle est la temperature dans votre pièce? Et dans les autres pièces? Les PHS sont sensible aux changements de temperature. Faites en sorte que la **temperature** est **consistante** dans les pièces où vous passez le plus de temps. Portez aussi les vêtements appropriés selon la météo.

Conseil n°5: Comment est la chambre dans laquelle vous êtes? Bien rangée? Si non, rangez. Les PHS remarquent rapidement quand des objets ne sont pas à leur place. Ce qui peut vous fatiguer. Rangez donc vos vêtements dans le placard, où ils seront à leur place.

Cependant, n'exagérez pas. Une maison ne peut pas tout le temps être parfaitement en ordre. Surtout si vous avez des enfants. Apprenez-leur à nettoyer eux-mêmes (oui, c'est difficile). Une chanson 'nous-rangeons' peut vous aider.

2. Plus tard dans la journée

Maintenant que vous avez mis un peu d'ordre dans la chambre, et peut-être dans quelques autres pièces, et vous vous êtes reposé un peu, il est temps de continuer le tour pour rendre votre maison plus agréable pour les PHS. Commençons avec une pièce surprenante…

Conseil n°6: Où allez-vous quand vous êtes débordé? Les PHS sont facilement débordés. Un des meilleurs endroits pour vous réfugier est… **la toilette**. Eh oui, à n'importe quel endroit, vous pouvez demander où se trouve la salle de bains. Personne ne vous posera des questions. Et vous pouvez y rester aussi longtemps que vous en avez besoin afin de récuperer.

Conseil n°7: Votre téléphone est-il près de vous? Vous aimez la **sonnerie**? Si non, n'hésitez pas et changez-la. Ne mettez pas de sonnerie soudaine. Ou n'en mettez pas, seulement avec vibrations? Ainsi, pas besoin de l'éteindre. Ni d'être effrayé quand on vous appelle.

 Conseil n° 8: Est-ce que vous avez un téléphone fixe? Mettez-le dans un **endroit calme** dans votre maison. Certains PHS ont des difficultés de distinguer la voix de la personne qui vous appelle s'il y a beaucoup de bruits dans l'environnement. Attendez un peu avant de décrocher afin de vous préparer à l'appel.

Conseil n°9: S'il y a quelqu'un d'autre en train de téléphoner, prenez **distance**. Cela peut vous déranger, tout comme quand d'autres jouent des jeux sur leur téléphone - ou envoient un message avec des sons à chaque touche.

Conseil n°10: Voyons un peu votre ordinateur avant d'aller manger. Et votre smartphone - si vous en avez un. Des ap-

pareils électroni-
ques donne géné-
ralement beau-
coup de stimuli,
par exemple des
sons et des vibra-
tions. Limiter ces
stimuli, tout
comme les
odeurs et les lu-
mières trop for-
tes, est une tâche
quotidienne pour
les PHS. **Limitez**
donc le **temps**
passé à l'ordina-
teur et au smartphone.

Conseil n°11: Bien sûr, passer moins de temps à l'ordi,
c'est facile à dire. Mais l'internet peut vous aider. Par
exemple avec la limitation des **médias sociaux**. Certaines
applications limitent le temps que vous pouvez contempler
les aventures de vos amis Facebook. Ou leurs repas soig-
neusement photographiés. Utilisez par exemple SelfControl
(selfcontrolapp.com) et Cold Turkey (getcoldturkey.com).[3]

Conseil n°12: Déconnectez. Ou ne vous connectez pas.
Prenez le temps de limiter votre nombre d'amis virtuels, de
quitter les groupes sur les médias sociaux que vous ne suivez plus. Même chose pour les **abonnements d'emails**. Si
vous n'avez pas lu les 10 emails précédents, vous ne lirez
pas le prochain.

---

[3] Les apps sont gratuites.

Conseil n°13: **Tapez plus lentement** au clavier. Les PHS ont une nature perfectionniste. Et ainsi, certains essaient de battre le record de frappes par minute. C'est le contraire de ce qu'il faut faire: taper plus lentement vous détendra.

Conseil n°14: Fait-il déjà noir? Votre ordinateur ni votre smartphone le savent, même s'ils disposent d'une montre. Leurs **écrans** ne s'adaptent pas à la nuit. Ce qui veut dire qu'ils peuvent fatiguer vos yeux dès qu'il commence à faire noir. Heureusement, il y a une application web (justget-flux.com)[4] qui prévient cela. Elle changera la lumière que votre ordinateur ou votre smartphone émet à la fin de la journée.

---

[4] Application gratuite, tout comme AdBlock.

Conseil n°15: Certains sites webs contiennent beaucoup de
pubs. Une bonne partie de ces publicités sont bruyantes et
trop lumineuses. Donc tout ce qu'un PHS doit éviter. Instal-
lez l'application AdBlock (getadblock.com) afin d'éviter
ces pubs.

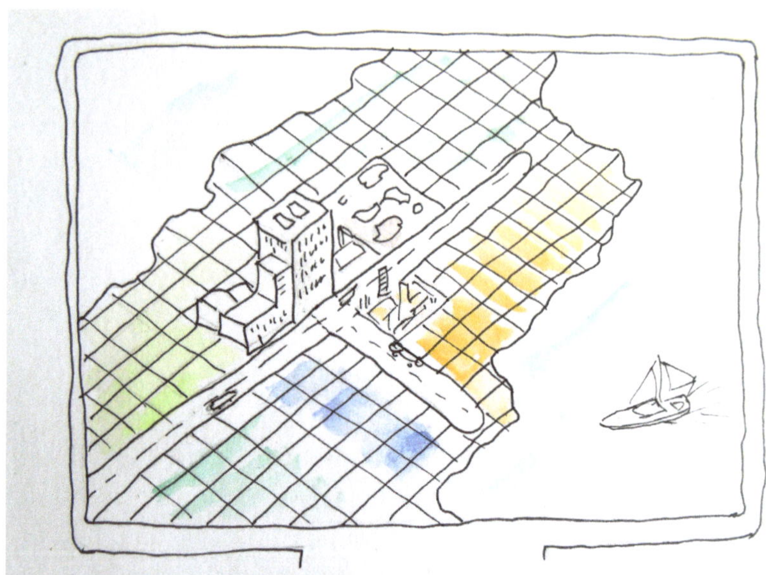

Conseil n°16: Vous aimez jouer des **jeux sur l'ordinateur**?
Sélectionnez ceux qui sont faits pour les PHS. Ne videz pas
vos mitraillettes sur des morts-vivants. Cherchez plutôt des
jeux pour construire des villes, ou d'autres jeux stratégi-
ques.

Voyons comment rendre votre soirée plus agréable dans le
prochain chapitre…

3. Ce soir

Temps de préparer votre repas. Et voici une première astuce importante.

Conseil n°17: Qui cuisine chez vous? Est-ce un membre de votre famille? Ou la pizzeria du coin? La meilleure façon de prendre soin de soi-même est de **préparer ses propres repas**. Ou, au moins, s'impliquer. C'est vous qui connaissez votre corps le mieux. Faites attention aux ingrédients et épices auxquels vous êtes sensibles. Et si vous ne cuisinez pas, assurez-vous d'informer le cuisinier à la maison.

Conseil n°18: Pendant que vous cuisinez, utilisez votre odorat. Beaucoup de PHS sont **sensibles aux odeurs**. Ceci peut être un avantage: vous serez la première personne à sentir que la nourriture brûle. Ou si quelque chose se pourrit.

Conseil n°19: Manger avec d'autres peut s'avérer débordant. **Eteignez la radio** ou la télévision pendant les repas afin d'éviter des bruits dérangeants.

Conseil n°20: Vous buvez votre soupe, ou mangez de la glace? Faites attention à la **température** de votre nourriture. Si vous savez que vous avez mal de tête après avoir mangé de la glace, attendez un peu.

Conseil 21: Une bonne façon de terminer votre repas est de boire du **thé**. Même si vous devez attendre un peu avant qu'il aie une bonne température. Du thé aux fines herbes est une excellente idée. Evitez le thé trop fort ou foncé et le sucre. Utilisez du miel pour sucrer votre thé, c'est plus sain.

Conseil 22: Être informé est important, c'est pour cela qu'on regarde les nouvelles. Pour les PHS, il est important de **sélectionner les nouvelles**: ne regardez ou lisez pas de nouvelles populaires. Les mauvaises nouvelles, c'est ce qui se vend le mieux.

Les PHS sont particulièrement **vulnérables aux mauvaises nouvelles**. Dans la préhistoire, leur tâche était de détecter le danger, par exemple des bêtes sauvages. Ou d'autres tribus ennemies. Les PHS ont aussi plus d'empathie. Pas besoin de sentir de l'empathie pour des personnes qu'on ne connait pas dans le dernier drame aux nouvelles. C'est dur, mais ce ne sont pas vos problèmes.

Conseil n°23: Au lieu de vous exposer aux mauvaises nouvelles, suivez les **bonnes informations**. Abonnez-vous aux magazines, aux quotidiens sérieux et regardez des documentaires à la télé. Une bonne devise: les nouvelles les plus populaires et commerciales sont à éviter.

Conseil n°24: Vous êtes **cinéphile**? Evitez les film avec trop de violence ou de suspense. A bas les stimuli inutiles. En plus, vous ressentirez de l'empathie pour des personnes que vous ne connaissez pas. Si vous êtes accro à une série zombie, ne la regardez pas juste avant de dormir, afin d'éviter les cauchemars.

Conseil n°25: En parlant de **télévision**: ne l'allumez pas simplement pour regarder n'importe quoi. Consultez d'abord le guide. Sinon, vous risquerez de vous énerver: les shows aberrants, les différents volumes, les pubs ennuyantes, les discussions politiques au personne ne laisse parler les autres… Si vous voulez de

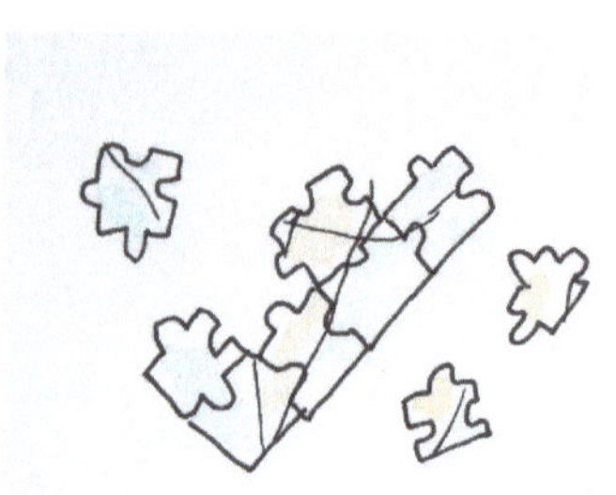

la musique pour vous détendre, consultez les conseils du premier chapitre.

Conseil n°26: Que faire sans télévision? Les **jeux de société** sont une bonne option. Choisissez ceux que vous pouvez jouer seul, comme un puzzle. Si vous jouez avec d'autres, choisissez des jeux de stratégie comme le jeu d'échecs. Jouez avec un partenaire qui a beaucoup de patience.

Si vous êtes à plus de trois, partagez-vous. Avoir plusieurs personnes qui vous observent et vous mettent sous pression pour prendre des décisions rapides peut être débordant pour les PHS. Ce qui n'est pas une bonne idée, surtout le soir.

Conseil n°27: Une dernière astuce avant d'aller au lit:
éteignez les **lampes de plafond**. Surtout ceux qui sont in-
tenses, comme les neons. Au boulot, apportez une lampe si
vous en avez besoin ou demandez de travailler dans un endroit avec beaucoup de lumière naturelle.

4. Au lit

Préparons-nous pour la nuit. En tant que PHS, ce n'est pas si simple que cela. Vous pouvez améliorer votre sommeil avec les astuces suivantes.

Conseil n°28: Créez une **routine** une heure ou deux avant d'aller au lit. Evitez un trop grand nombre de stimuli. N'écoutez donc pas de la musique death metal avant de passer au lit.

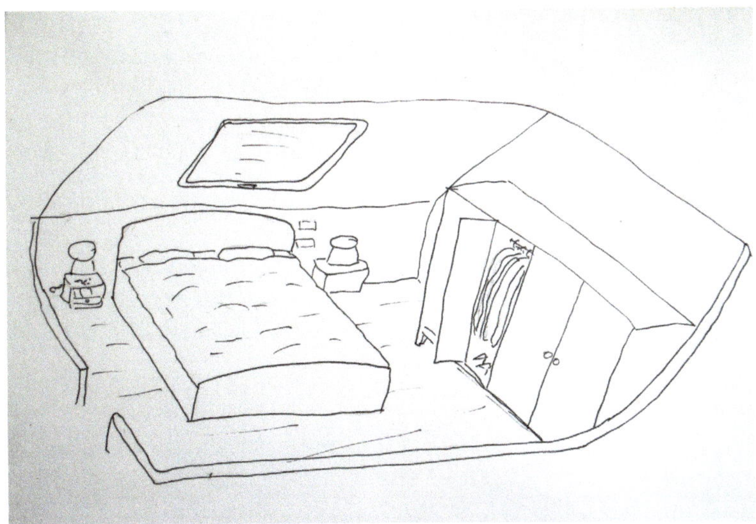

Conseil n°29: Une façon de se préparer au sommeil est de prendre une **douche**. Ou un bain. C'est aussi une façon de respecter son corps. Et de se reconnecter avec soi-même si on a forcé son corps pendant la journée. Prenez le temps. Le bruit d'une douche peut vous détendre.

Conseil n°30: Une autre option pour vous préparer de vous coucher est d'**écrire un journal**. Cela peut vous calmer, et connecter vos pensées à votre corps. Les pensées qui n'arrêtent pas de circuler dans votre tête peuvent y trouver la paix.

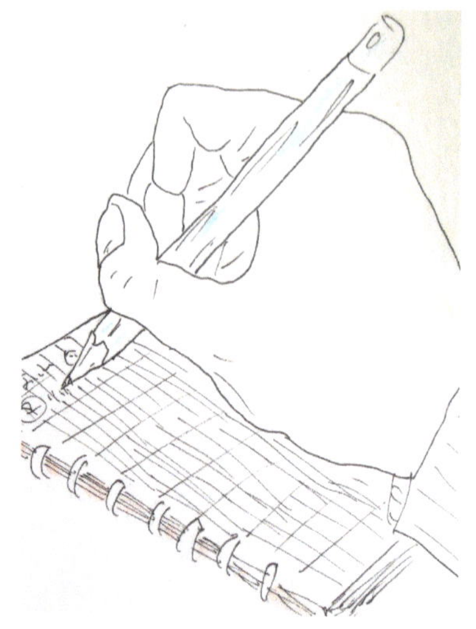

Conseil n°31: Une autre idée: des **massages**. Focalisez-vous sur votre corps ou celui de votre partenaire. N'hésitez pas de vous en donner pendant la journée. Ni de suivre des cours de massage dans votre quartier.

Conseil n°32: **Dormez dans un lit**. Ne dormez pas dans le canapé, il n'est pas fait pour dormir. Vérifiez également si votre matelas est confortable.

Conseil n°33: Avant de vous endormir, contrôlez votre **réveil**. Est-il bruyant? Echangez-le pour un exemplaire avec une belle sonnerie qui ne vous perturbe pas.

Conseil n°34: **Dormez assez**. Les PHS ont besoin de plus de sommeil pour récupérer des stimuli reçus pendant la journée. Des nuits trop courtes peuvent avoir un effet négatif sur votre humeur, tout comme sur votre concentration. Si certains se vantent de leurs nuits blanches, ne les imitez pas!

Beaux rêves!

5. Demain matin

Conseil n°35: Bien dormi la nuit dernière? Des rêves? Des cauchemars? Les PHS peuvent mieux se souvenir de leurs **rêves** que les non-PHS. Et oui, parfois, ils sont complètement tordus. Ecrivez-les quand vous êtes éveillé, ou donnez-leur une fin positive.

Conseil n°36: Beaucoup de lumière dans votre chambre à coucher? La **lumière naturelle est la meilleure**. N'oubliez pas de profiter de la lumière naturelle pendant la journée. Ne pas avoir assez de cette lumière peut affaiblir votre système immunitaire et vous rendre plus vulnérable aux maladies comme la dépression. Il est vrai que certains PHS préfèrent le silence de la nuit, mais ne vivez pas la nuit.

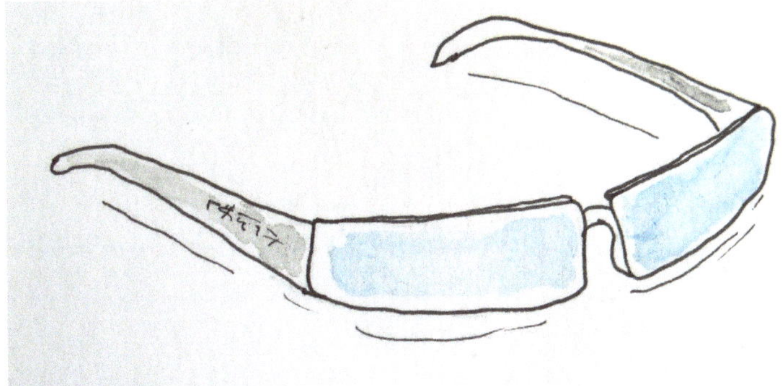

Conseil n°37: Recherchez aussi la lumière naturelle dehors. Si vous avez le choix entre une station métro ténébreuse et une promenade d'une dizaine de minutes dehors, vous savez que faire. N'oubliez pas votre chapeau ni vos **lunettes de soleil**, que vous pouvez aussi mettre à l'intérieur.

Conseil n°38: Comme vous pouvez développer une **routine** avant de dormir, il est aussi possible et désirable d'en développer une après votre réveil. Réveillez-vous 10 à 20 minutes plus tôt, ce qui vous donnera l'occasion de prendre le temps de commencer vos activités. Ranger une chambre est une bonne routine.

Conseil n°39: Avant de partir au travail, préparez votre **repas du midi** dans une boite. S'il fait beau, vous pourrez manger dehors. Alternativement, mangez dans votre voiture si vous en avez une. N'hésitez pas de manger seul. Cela peut vous permettre de récupérer.

Amenez aussi des **collations saines** pour les petits creux de l'après-midi. Certains PHS ne savent plus se concentrer avec un estomac vide. Ni se comporter, d'ailleurs. Alors, mieux vaut prévenir cela.

Partez au boulot, maintenant!

6. Demain soir

Une fois que vous êtes de retour du travail, il est temps de penser comment vous pouvez rendre votre maison plus confortable. Vu que nous avons déjà vu ce que vous pouvez faire le soir, focalisons-nous sur un autre aspect: le shopping en ligne.

Conseil n°40: Acheter des produits en ligne a plusieurs avantages pour les PHS. Pas besoin de se perdre dans des magasins rempli de gens. Pas de vendeurs qui ne pensent qu'à vendre leur produits. Mais utilisez les **bons sites web** afin d'éviter de mauvaises surprises. N'oubliez pas de consulter les commentaires avant de choisir.

Conseil n°41: Première chose à acheter sur l'internet: une **lampe pour se réveiller**. Elles fonctionnent comme un réveil. Elle s'allument à l'heure voulue. Mais elles le font doucement. Achetez-en une qui vous plaît.

Conseil n°42: Une **horloge** qui ne fait pas de bruit. A moins que les battements de l'aiguille vous calment. Et si vous préférez vous réveiller au son, faites en sorte qu'il y a une alarme qui vous pouvez adapter. Comme cela, vous pourrez choisir une belle sonnerie.

Conseil n°43: Troisième produit à acheter: une belle **sonnette**. Si vous avez une sonnette qui fait des bruits horribles, il est temps de la changer. De nos jours, on peut acheter des sonnettes personnalisées. Par exemple avec votre chanson préférée. Assu-

rez-vous que le son se distingue des autres sons dans votre maison. Au revoir les surprises désagréables!

Conseil n°44: Quatrième produit: des **coupes menstruelles**. Evidemment seulement pour les femmes. Ces coupes sont bien plus saines que d'autres produits chimiques. Elles sont réutilisables, moins chères, et peuvent être utilisées plus longtemps.

Conseil n°45: Cinquième produit: un **cendrier**. Si vous n'en avez pas encore. Placez-le stratégiquement sur votre terrasse ou quelque part d'autre à l'extérieur. Des fumeurs vous rendent visite? Indiquez-leur où le cendrier se trouve. L'intensité de l'odeur de cigarettes peut ennuyer les PHS. Jusqu'au point de devoir quitter l'endroit. Et, bien sûr, ne fumez pas vous-même.

Conseil n°46: Dernier produit à commander, les **coussinets pour les portes**. Si les bruits de portes claquantes ou vacillantes vous énervent, vous n'êtes pas le seul. Vous pourriez acheter de nouvelles portes - ou bien simplement des petits coussins adhésifs à coller à l'intérieur de votre porte. Ce dernier choix est certainement moins pénible pour votre tirelire.

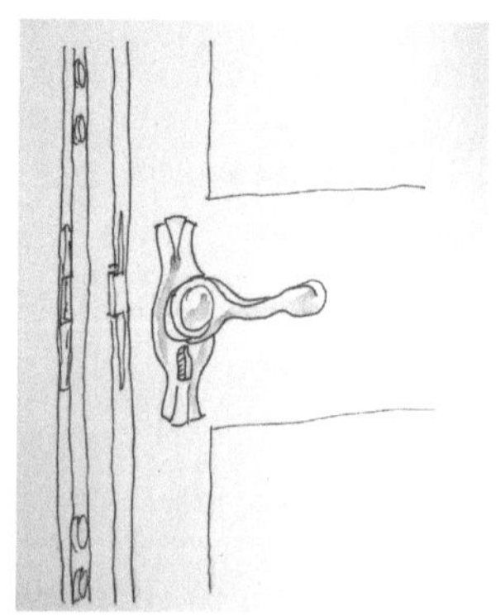

Conseil n°47: Une dernière idée. Que faire de tous les produits dont vous n'avez plus besoin? Ils trainent dans la maison et peuvent vous prendre de l'énergie. Vous pouvez les offrir à des amis. Ou bien les vendre sur des sites seconde main comme eBay. Par exemple, si votre **télé** ne vous sert plus, pourquoi pas la vendre?

7. Le prochain weekend

Voilà le weekend arrivé. Ce qui vous donnera un peu plus de temps pour réfléchir à ce que vous pouvez modifier à votre maison. Pensez aussi aux conseils que vous avez déjà lu dans ce livre. Quels sont ceux que vous pouvez utiliser, peut-être d'une façon différente? Prenez le temps de réfléchir - une chose que les PHS adorent.

Continuons avec quelques astuces. Achetons des provisions pour la semaine dans votre supermarché, plus quelques astuces pratiques pour vos passe-temps.

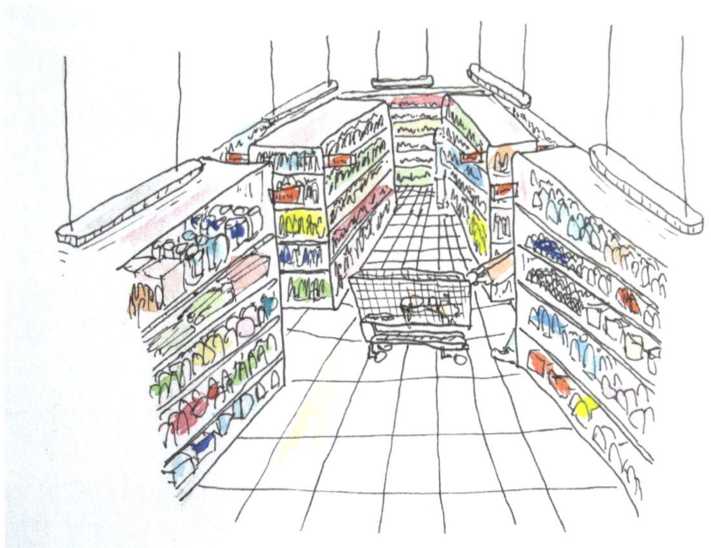

Conseil n°48: Avant de partir, faites une **liste** des choses dont vous avez besoin. Le supermarché peut être débordant, ce qui peut vous désorienter. Achetez assez afin que vous ne devez pas y retourner trop souvent.

Conseil n°49: Le **supermarché**. Des lumières artificielles. Une mauvaise acoustique. Les gens allant dans toutes les directions. Les produits et paquets qui se battent afin de recevoir votre attention. Du bruit partout - même les frigos font un horrible bruit! Mieux vaut limiter son temps là-bas.

Conseil n°50: Si vous décidez d'y aller, allez-y pendant les heures calmes: au petit matin ou vers midi, il y a moins de monde. Considérez aller dans les petits magasins. Certains supermarchés offrent le **shopping en ligne** sur leurs sites web- n'hésitez pas - et ainsi, vous ne devrez que venir chercher votre nourriture. Adieu les files! Vérifiez si le supermarché peut vous envoyer vos achats directement à la maison.

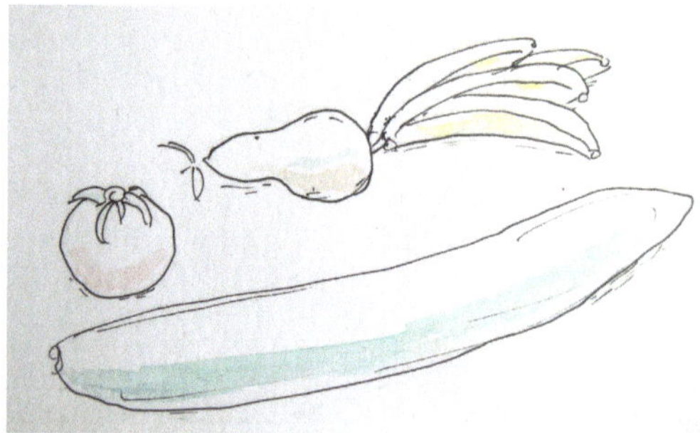

Conseil n°51: Focalisons-nous sur les produits alimentaires. Les conseils généraux sont importants pour tout le monde, mais encore un petit peu plus pour les PHS.

Evitez les produits malsains et mangez beaucoup de **légumes et de fruits**.

Conseil n°52: **Modérez**. Manger au MacDo de temps en temps ne vous tuera pas. Mais n'en faites pas une habitude.

Conseil n°53: Vous aimez le sucre? Le **sucre artificiel** stimule ses adeptes de plusieurs façons. Vu que les PHS sont déjà assez stimulés par leur environnement, vérifiez la quantité de sucre sur les emballages. Vous serez surpris de la quantité de sucre présente dans votre alimentation.

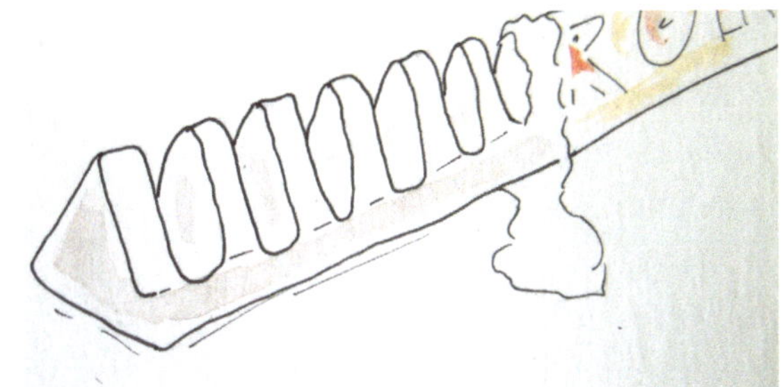

Conseil n°54: Vous aimez le **chocolat**? Limitez la consommation, surtout le chocolat blanc et brun. Manger trop de chocolat peut vous donner des difficultés à dormir.

Conseil n°55: Quel type de nourriture est le meilleur, même pour les non-PHS? La réponse la plus simple: de la **nourriture biologique**. Plus cher, mais meilleur pour le corps. Voyez s'il y a des fournisseurs dans les environs.

Conseil n°56: Qu'aimez-vous boire? Evitez des boissons avec de la **caféine**. La caféine, tout comme le sucre, fonctionne comme un prêt. Vous empruntez votre énergie future, et la caféine vous fait croire que c'est de l'énergie que vous avez en ce moment. Tout le monde paie un intérêt sur ce prêt. Mais les PHS paient un prix plus élevé.

Si vous ne savez pas vous passer du café, achetez du décaféiné. Et évitez les **boissons 'énergie'** ou des sodas. Elles contiennent beaucoup de sucre et de caféine. Pas besoin de se stimuler davantage. Certaines boissons, comme le coca, ont des versions sans sucre ni caféine. Si vous ne savez pas vous en passer, informez-vous.

Conseil n°57: **L'alcool** fonctionne juste comme la caféine et le sucre: il vous stimulera trop. Les non-PHS ont besoin de bien plus que vous afin de sentir la même chose  que vous. Alors, limitez-vous ou buvez de l'eau entre deux verres d'alcool. Choisissez les bières contenant peu ou pas d'alcool. D'accord, c'est facile à dire quand il y a de la pression de vos amis. Mais il n'y aucune honte de dire non.

Conseil n°58: Vu qu'on parcourt le supermarché, visitons la section avec les **bougies**. Achetez les bougies aux parfums naturels à utiliser pendant vos bains. Ou pour apporter une ambiance agréable à votre maison.

Conseil n°59: Dernier département à visiter: celui de la santé et de la beauté. Une fois arrivé, achetez des produits avec des **ingrédients biologiques**. Les produits naturels sont meilleurs pour votre corps. Certains PHS peuvent avoir des sentiments de nausée après avoir senti des parfums artificiels.

Conseil n°60: Une fois à la maison, mettez tous vos produits à la bonne place, afin d'éviter le désordre.

Voyons quelques **passe-temps** maintenant. Une première astuce: n'allez pas trop loin. Au plus près de la maison, au mieux.

Conseil n°61: Un passe-temps tout près de votre maison est le **jardinage**.
Soigner votre jardin est généralement un bon passe-temps, même pour les non-PHS. Prendre soin de la nature peut être une activité enri-

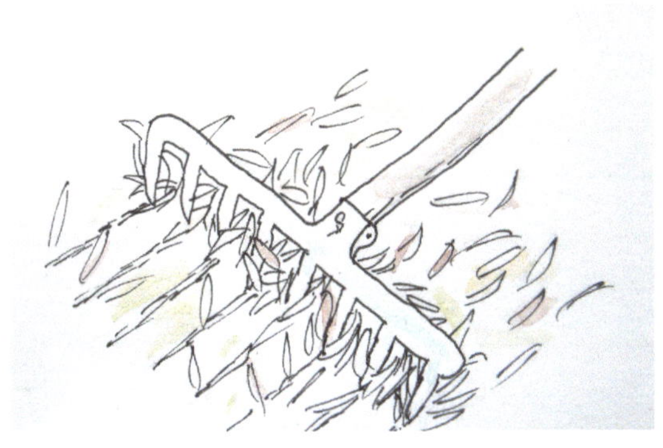

chissante. Envisagez d'avoir un étang. Si vous n'avez pas de jardin mais vous aimez le jardinage, vérifiez s'il y a des jardins communs où vous pouvez jardiner.

Conseil n°62: Vous aimez **sortir**? Certains PHS adorent sortir dans des bars agréables avec des personnes qu'ils aiment. Si vous sortez, réglez votre propre transport. Comme ça, vous pouvez retourner chez vous quand vous voulez.

Conseil n°63: Vous hésitez entre la **salle de sports** ou une promenade? La salle de sports, c'est de la musique qui vous excite, des sportifs qui vous regardent, quelques personnes superficielles, les heure d'ouverture que l'on ne peut pas oublier, les odeurs de sueur, et bien d'autres choses qui peuvent vous stimuler. Si vous vous promenez, vous allez où vous voulez, dans la nature et dans le silence. N'oubliez pas le stretching après une longue promenade. Si vous avez le temps, introduisez la promenade dans votre routine.

Si vous aimez les sports, notez que les PHS ont tendance à préférer les **sports individuels**. La randonnée, le badminton, la natation… Faire partie d'une équipe peut sembler intéressant. Mais imaginez que vous devez passer le ballon pendant que plusieurs joueurs de l'équipe adversaire vous en empêchent, et que vous serez la première personne à remarquer la déception de ceux qui n'ont pas reçu la balle. Difficile pour les PHS.

Alors, profitez du reste du weekend et bon début de semaine.

8. Pendant la semaine

Vous voilà dans votre routine hebdomadaire? Trouvons quelques pistes à méditer. Pendant la pause au boulot, le soir, ou quand cela vous plaît. Mais commençons d'abord avec une visite à votre médecin de famille.

Conseil n°64: Vous n'êtes pas obligé à aller chez votre médecin aujourd'hui, bien sûr. Mais avez-vous déjà vérifié vos **allergies**? Pensez-y à la prochaine visite. Vous pourriez découvrir quels ingrédients vous ne pouvez pas manger. Informez aussi votre docteur que vous êtes PHS.

Conseil n°65: Quand votre docteur vous prescrit des médicaments, et vous sentez quelque chose d'inhabituel, vérifiez les **effets secondaires** du médicament que vous prenez. Ceci vous réconfortera si vous vous sentez étourdi ou si vous visitez la salle de bains plus souvent que d'habitude.

Conseil n°66: Pas besoin de consulter le médecin pour la consommation de **drogues**. C'est simple: n'en utilisez pas. Les PHS y sont plus sensibles, et de toute façon, elles ne sont pas bonnes pour votre santé.

Réfléchissons un peu sur quelques idées qui peuvent améliorer votre vie en tant que PHS à long terme. Ne vous attendez pas à des résultats immédiats.

Conseil n°67: Où allez-vous quand vous êtes débordé? Quand vous avez reçu de mauvaises nouvelles, ou quand vous avez eu un désaccord qui ne s'est pas déroulé comme prévu. **Où est votre endroit à vous**? Trouvez-en un dans votre maison. Cela ne doit pas nécessairement être une chambre entière. Mettez-y quelques affaires personnelles. Et prenez l'habitude d'y passer du temps quand vous en avez besoin.

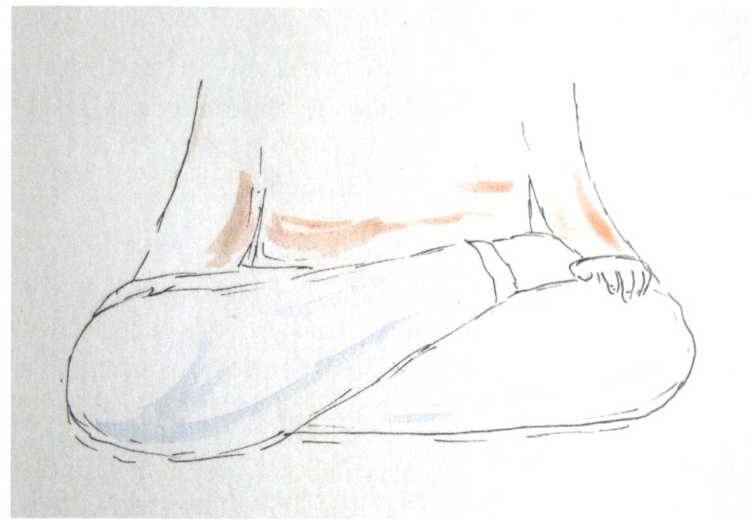

Conseil n°68: Comment savez-vous vous détendre? Aujourd'hui, il y a de nombreuses façons de trouver la **détente**. Le yoga et la méditation ne sont que deux exemples. Essayez plusieurs options afin de trouver laquelle qui vous va le mieux. Introduisez-la dans votre routine. Le soir ou le matin, ce qui vous convient le mieux.

Un aspect très important pour pouvoir se détendre est la **respiration**. Il y a beaucoup d'avantages quand on respire bien. Par exemple, on se sent moins stressé. Beaucoup de personnes respirent avec leur poitrine. Mais il vaut mieux respirer avec le ventre. Trouvez des techniques pour vous aider sur l'internet. Vous pouvez commencer vos recherches en tapant les mots 'respiration abdominale'. Incluez cette respiration dans votre routine, c'est un investissement à long terme.

Conseil n°69: Cinéphile? Demandez quels jours sont les plus calmes. Et n'entrez que juste avant que le **film** commence. Les bandes annonces ne sont que faites pour vous déborder, tout comme les pubs. Et cela évitera aussi d'entendre les bruits des autres qui mangent leurs chips et leurs popcorns.

Conseil n°70: Vous aimez prendre l'air? Temps de passer du temps dans votre **jardin**. Pas seulement pour l'air frais. Les bruits ne s'y multiplient pas. La nature vous entoure. C'est un endroit idéal pour les PHS. Peut-être que vous pouvez faire votre détente, comme le yoga, à l'extérieur s'il fait assez beau. Et si vous n'avez pas de jardin, trouvez un parc dans votre voisinage.

Conseil n°71: Pendant que vous vous trouvez dans votre jardin, posez-vous la question si vous pouvez **cultiver votre propre nourriture**. C'est bon pour une multitude de raisons. Vous développerez une meilleure routine. Vous prendrez soin de la nature. Votre nourriture sera plus saine. Ce qui vous donnera une satisfaction supplémentaire. Pensez aussi à cultiver vos propres épices.

Conseil n°72: Dernière astuce de la semaine: envisagez d'avoir **un animal**. Les animaux sont comme des plantes: ils ne vous jugeront pas mais ont besoin de vos

soins. Ce qui est quelque chose que les PHS adorent de faire. Ils peuvent vous donner de la compassion quand vous en avez besoin. Cependant, n'achetez pas de chien qui aboie. N'oubliez aussi pas que les chats crient et se battent quand ils s'accouplent. Adoptez donc un animal selon vos préférences.

Voilà votre liste pour cette semaine:

- Est-ce que j'ai un propre endroit dans ma maison? Comment est-ce que je m'y sens?

- Quelles méthodes de détente ai-je déjà essayées? Quelle était la meilleure? Quelle dois-je essayer (de nouveau)?

- Quelle technique de respiration pourrais-je commencer?

- Quels légumes, fruits et épices peux-je cultiver? Quels sont mes préférés?

- Voudrais-je avoir un animal? Quels sont les avantages et les inconvénients?

9. Le weekend d'après

Après avoir pensé cette semaine, un weekend bien mérité. Pour aller faire du shopping. Le weekend passé, nous sommes allés au supermarché. Ce weekend-ci, il est temps de passer aux magasins de bricolage et de décoration. N'hésitez pas d'aller dans des magasins spécialisés. Trouvez des magasins où l'on peut acheter les articles suivants. Après, nous irons dans un magasin de musique.

Conseil n°73: Achetez des **draps blancs et des rideaux**. Vous pouvez pendre les draps blancs aux fenêtres qui peuvent être vues par des inconnus, ce qui protègera votre vie privée. Quand il fait noir, fermez les rideaux. Achetez des rideaux qui absorbent le son et la lumière, afin que la pleine lune ne vous privera pas de sommeil. Et évitez des jalousies, vu qu'elles font du bruit, par exemple quand il y a du vent.

Conseil n°74: Achetez des **moustiquaires**. Les moustique peuvent facilement déranger votre sommeil. Un moustiquaire à votre fenêtre et les portes préviennent ces ennemis des PHS. Il vaut mieux s'y attaquer d'une façon naturelle que avec des sprays chimiques. Sachez que les moustiques recherchent la chaleur le soir afin de passer une nuit confortable. Fermez vos portes à cet instant.

Peut-être que vous n'y avez pas pensé auparavant. Mais comme PHS, vous pouvez rendre votre maison plus agréable non seulement pour vous. Les autres personnes qui habitent avec vous y gagneront aussi, tout comme des visiteurs. Vous le faites d'abord pour vous, mais d'autres y bénéficieront aussi.

Conseil n°75: Achetez des **posters** beaux. Pendez des grands posters et peintures dans votre maison, de préférence ceux qui démontrent de la beauté naturelle. Comme une cascade, une vue sur des montagnes enneigées, un coucher de soleil méditerranéen ou la forêt amazonienne. Ces vues peuvent avoir un effet calmant. Mais n'exagérez pas. Et pendez de belles photos aussi au boulot.

Conseil n°76: Avez-vous pensé à propos de la **couleur de vos murs** à la maison? Les couleurs peuvent affecter votre humeur ainsi que votre niveau de stress. Les couleurs fluorescentes ainsi que le rouge, le jaune et l'orange peuvent provoquer des émotions inutiles. Alors, évitez-les. Cherchez sur l'internet vos couleurs apaisantes préférées avant d'acheter de la peinture. Notez aussi que changer de pièces peut mener à une perte d'énergie pour les PHS. Faites en sorte que les couleurs sont en harmonie dans vos différentes pièces.

Conseil n°77: Achetez des **tapis**. Choisissez ceux avec de jolis motifs et des couleurs qui vont avec la pièce où ils seront mis. Les tapis absorbent du bruit. Ce qui est quelque chose que les PHS devraient réduire le plus que possible. De plus, le son ne s'arrête pas quand il rencontre un mur. La lumière s'arrête, mais pas le son.

Conseil n°78: Mettez des plantes partout. Les **plantes** sont faites pour les PHS. Elles purifient l'air. Elles sont apaisantes. Elles ne jugent personne et embellissent votre maison. Elles ont besoin de vos soins et vous procurent une routine. N'achetez tout de même pas

trop de plantes. Sinon, vous risquez de passer trop de temps à les soigner. Surtout que les plantes n'ont pas tous les mêmes besoins. Evitez les plantes en plastique.

Conseil n°79: Si vous êtes sensible au son qu'un **coussin** fait quand vous essayez de dormir, sachez que certains coussins font du bruit. Si c'est le cas, achetez des nouveaux et placez votre tête dessus avant de les acheter. Trouvez un bon coussin pour éviter des nuits blanches.

Conseil n°80: Nous voilà presque prêts avec les magasins de décoration et de bricolage. Dernier produit à ne pas rater: des **robinets** qui ne coulent pas. Le bruit des gouttes peuvent énerver les PHS. Alors, apprenez à les réparer, ou achetez des robinets qui ne gouttent pas. Ou quelque chose qui absorbe les gouttes sans bruit.

Conseil n°81: Prochain magasin: celui de la musique. Quand vous sentez des frissons en écoutant votre chanson préférée, c'est là où vous vous sentez PHS. C'est typique pour les PHS. Pour les non-PHS, c'est difficile de sentir ces frissons. Alors, jouissez-en et achetez une **installation stéréo** avec des baffles aussi grands que vous désirez.

Conseil n°82: Achetez un **casque** de haute gamme et des **boules Quies**. Les écouteurs sont toujours à point quand vous avez des voisins habitant trop près de chez vous, et surtout ceux qui ont d'autres préférences musicales. Les boules Quies réduisent l'amont de bruit de fond. Si c'est nécessaire, passez dans un magasin spécialisé pour les faire sur mesure

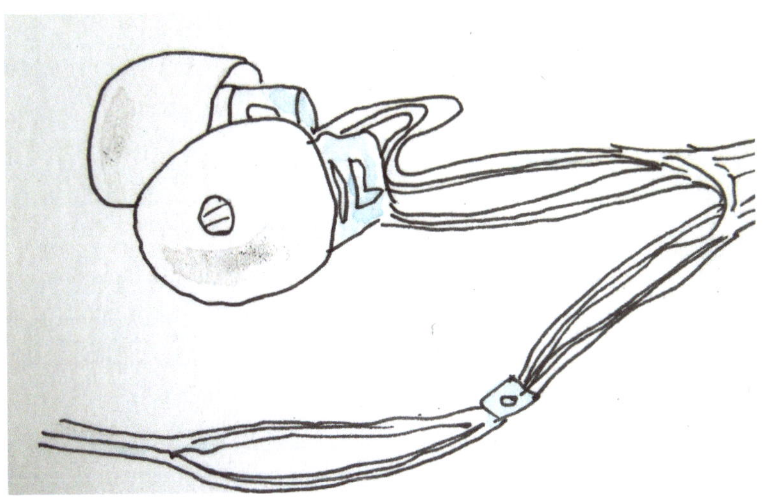

Voilà, c'est tout pour le weekend.

10. La seconde semaine

Le week-end est terminé, donc passons quelques jours à méditer comment vous pouvez améliorer votre maison. Voyons quelques idées qui peuvent vous inspirer.

Conseil n° 83: Comment pouvez-vous utiliser vos **talents créatifs** pour embellir votre maison? Les PHS ont tendance à avoir une grande imagination. Si vous aimez peindre, pendez vos peintures dans votre maison. Si vous aimez

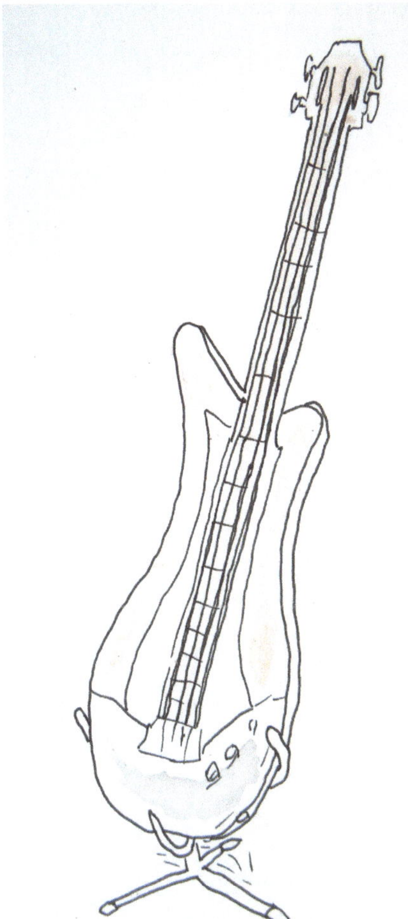

prendre des photos, imprimez-les et encadrez-les si vous voulez. Beaucoup d'artistes sont PHS. Alors, pourquoi pas le faire vous-même, chez vous, sans être observé? C'est aussi une bonne façon d'exprimer vos émotions.

Conseil n°84: Une autre bonne manière de s'exprimer est en **jouant de la musique**. Choisissez des instruments électriques. Ceci non seulement réduira le bruit, mais ainsi personne ne vous écoutera quand vous apprenez à jouer.

Conseil n°85: **Décorez** votre maison. Utilisez des objets que vous aimez toucher. Ou des objets qui ont une signification positive pour vous. Ou qui sont beaux à voir. Ou qui absorbent le son. Se procurer une bibliothèque contenant des livres intéressants est une bonne idée.

Conseil n°86: Vous avez de grandes pièces, des murs nus et le sol dur? Ces pièces peuvent avoir un **écho**. Tous sons se reproduisent puisqu'ils ne sont pas absorbés. Pensez-y quand vous décorez votre maison. Mettez de grands objets, par exemple des meubles, pour que les sons sont absorbés. Notez aussi que de grandes pièces attirent beaucoup de monde dans la même pièce. Ce qui est quelque chose que les PHS n'aiment pas trop.

Conseil n°87: Vous avez de la place pour montrer vos **collections**, comme vos livres? Les PHS adorent collecter. Faites en sorte qu'il y a assez de place pour vos collections.

Voyons comment le **travail et la maison** sont connectés. Le travail rend pas mal de PHS inconfortables. Normal, vu que les collègues font du bruit. Ils s'expriment parfois de façon extrême. Ils s'échangent les potins. Et le pire, c'est que les PHS voient et entendent tout. A la maison, vous n'aurez aucun de ces problèmes.

Conseil n°88: Envisagez de **travailler à domicile**. Pour les PHS, c'est un privilège de travailler à la maison. Pas de collègues qui vous observent. Pas besoin de faire la navette. Pas d'embouteillages ennuyeux. Pas de bureaux contenant trop de gens. Même si ce n'est que pour une journée à la semaine, par exemple avec le télétravail, cela peut déjà vous soulager.

Conseil n°89: Encore mieux: travailler à plein temps à la maison. Beaucoup de professions peuvent être faites **à la**

maison. Des traducteurs. Ou des thérapeutes. Vous pouvez combiner cela avec un emploi à temps partiel à l'extérieur de votre maison. Assurez-vous que l'endroit où vous travaillez est bien décoré.

Conseil n°90: Si vous ne travaillez pas à la maison, il est important d'avoir un boulot **près de chez vous**. Faire la navette n'est pas une bonne chose pour les PHS, surtout quand c'est un long trajet. Parce que il y a un manque de contrôle - le bus sera-t-il à temps? Il y aura beaucoup d'autres dans le train? Et aussi puisque personne n'aime faire la navette. Ce que les PHS peuvent ressentir.

Conseil n°91: Que préférez-vous: un **smartphone** ou un **gsm classique**? Le smartphone a l'accès à l'internet, prend des photos et a beaucoup d'applications. Mais, les batteries ne durent pas, ils sont chers, ne peuvent être utilisés plus de 2 ans et se cassent facilement. Avec le gsm, pas de piratage, pas besoin de wifi, pas d'emails du boulot, moins de conversations sans fin et plus de conversations réelles, surtout quand vous sortez. Alors, choisissez lequel vous convient le plus.

Alors, quelques questions pour cette semaine-ci:

- Quels passe-temps est-ce que j'aime? Dessiner? Ecrire? Peindre? Que peux-je utiliser pour embellir ma maison?

- Quel instrument aime-je? Quelles chansons veux-je jouer?

- Quel est mon magasin de décoration préféré? Quelles décorations est-ce que j'aime le plus? Y-a-t-il assez de place dans ma maison pour ces décorations?

- Quelle partie de mon travail peux-je faire de ma maison?
  Quand peux-je demander à mon patron de travailler plus
  à ma maison? Est-ce possible de travailler à mi-temps?
  Quel travail aime-je le plus? Quel travail peux-je faire à
  mi-temps à la maison?

- Ai-je vraiment besoin de mon smartphone? Que perdrais-
  je si j'utilise un gsm classique?

11. Les semaines d'après

Voyons quelques astuces à utiliser au bon moment. Pas nécessairement cette semaine-ci ou la prochaine. Un premier exemple: les saisons.

Conseil n°92: Les différentes **saisons** ont des conséquences différentes. On peut jouir du silence quand il neige. Au printemps, on peut sentir beaucoup d'odeurs. Et on admire les couleurs des feuilles des arbres en automne. Adaptez votre comportement: marchez plus lentement quand il fait trop chaud. Faites des promenades hivernales. Mangez au jardin quand il fait assez chaud: c'est plus paisible que à l'intérieur.

Conseil n°93: Quand les **saisons** changent, les PHS sont encore plus vulnérables. Même chose pour des changements de température soudains. Assurez-vous de prendre des vitamines supplémentaires au début de l'hiver.

Conseil n°94: Les saisons qui s'alternent ne doit pas être nécessairement négatif. Utilisez ce changement pour **décorer** à nouveau. Par exemple, l'arbre de Noël en décembre.

Conseil n°95: Vous aimez **voyager**? Prenez assez de repos. Votre routine sera perturbée. Vous verrez d'autres endroits, ce qui peut vous stimuler davantage. Les décalages horaires peuvent être difficile pour les PHS. Alors, préparez-vous avant de partir. Planifiez un jour de repos avant et juste après le voyage. Surtout si vous partez loin.

En avion, prenez le **siège** à la fenêtre. Moins de passagers passeront juste à côté de vous. Plus, vous aurez une fenêtre pour regarder le paysage et une paroi pour poser votre tête.

Conseil n°96: La **mode ou démodé**? Question intéressante. Trouver les bons vêtements peut être une bonne récompense. Beaucoup de PHS travaillent dans la mode grâce à leur goût et leur capacité de déceler de nouvelles tendances. D'autres détestent le shopping: la musique et souvent changer de magasin ne sont pas des choses faites pour les PHS.

Conseil n°97: Quand vous achetez des vêtements, évitez les matériaux qui ne sont pas confortables, comme le **polyester**. Il peut faire suer les PHS excessivement.

Conseil n°98: Choisissez bien les **heures de shopping**. Et essayez d'y aller quand vous n'avez pas besoin de vêtements, afin d'éviter la pression.

Conseil n°99: Sensible aux **étiquettes**? C'est normal et typique pour les PHS. Si elles vous embêtent, enlevez-les.

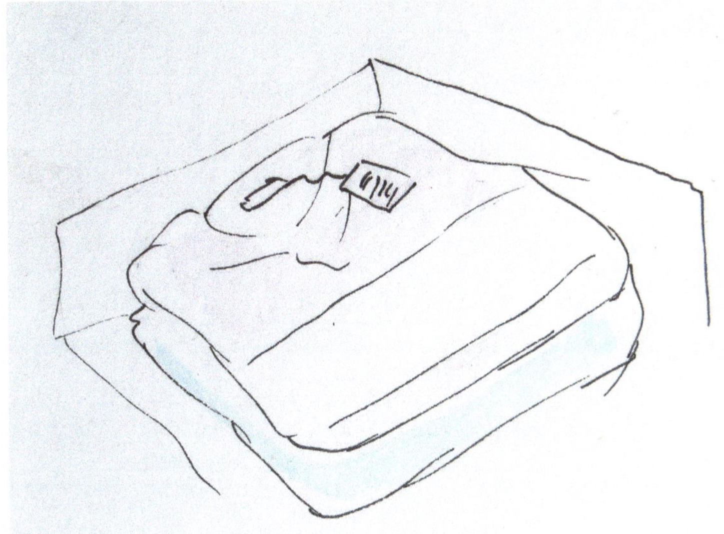

Conseil n°100: Comment aimez-vous vous faire **couper vos cheveux**? N allez pas chez le coiffeur aux heures de pointe, et demandez un endroit près de la lumière naturelle, afin de ne pas être trop affecté par les autres clients, la musique forte et les bruits multipliés par le nombre de miroirs. Une autre idée: faites venir un coiffeur chez vous.

Quelques questions à vous poser:

- Quels effets les saisons ont-elles sur moi? Est-ce que je m'y adapte assez? De quoi est-ce que je jouis pendant les différentes saisons?

- Quel genre de vacances aime-je? Est-ce que je préfère rester à la maison? Ou partir loin? Est-ce que je me repose assez pendant les vacances?

- Est-ce que j'aime les vêtements que j'achète? Suis-je sensible à certains matériaux? Comment est-ce que je me sens après mon shopping? Quels magasins étaient les plus agréables?

Voilà - c'était le dernier des 100 conseils! Allons aux sections bonus pour plus d'inspiration.

Section bonus 1: Choisir sa maison

Tout le monde veut une belle maison pour un prix réduit. Cependant, pour les PHS, ce n'est pas juste acheter ou louer et signer un contrat. Ou entasser quelques briques. Quand vous cherchez une maison, suivez les astuces suivants.

Conseil n°1: **L'environnement** est important. Tout près d'une route fréquentée? A côté de maisons en construction? Les trains et les trams passent? Un stade de foot dans les alentours? Des sirènes de l'hôpital? Tous de mauvais signes. Essayez de trouver une maison près de la nature. Un lac, une rivière, un parc calme ou même une fontaine peut apporter de la paix dans votre vie quotidienne.

Conseil n°2: Avant de construire, acheter ou louer, **parlez avec les voisins**. Ils pourront vous dire comment est le quartier. Avant de decider de venir habiter dans le quartier, passez quelques fois à des heures différentes pour écouter s'il y a beaucoup de bruit.

Si vous vivez dans un apartment, évitez des voisins qui se promènent avec des hauts talons ou qui organisent deux fêtes par semaine chez eux. Des bonnes relations avec vos voisins sont toujours utiles. Surtout si vous hésitez de leur parler en cas de conflit.

Conseil n°3: Si vous voulez **partager un appartement**, c'est très important de bien se sentir avec les cohabitants. Alors, demandez-leur des questions à propos des choses qui sont importantes pour vous avant de partager votre maison.

Conseil n°4: La **ville** ou un **village**? En ville, il y a plus d'activités. Mais vous trouverez plus de paix dans un village. Où vous pourriez être le sujet des bavardages. Trouvez un endroit qui vous plaît.

Conseil n°5: Contrôlez si la maison a du **double vitrage**. Ces fenêtres gardent le chaud à l'intérieur pendant l'hiver et à l'extérieur pendant l'été. Garder une température constante est le mieux pour les PHS.

Les **fenêtres à triple vitrage** sont plus chères, mais sont un peu meilleures que celles à double vitrage. Surtout pour le son. Si vous les mettez, vérifiez que vos murs sont assez isolés. Si le froid entre par les murs, ce n'est pas besoin d'installer du triple vitrage.

Conseil n°6: Choisissez une radiateur ou de l'air conditionné qui fait un **minimum de bruit**. C'est la même chose pour les petits radiateurs portables. Envisagez de mettre un pull supplémentaire à la place de ces radiateurs.

Conseil n°7: Choisissez une maison avec des **fenêtres** qui sont assez grandes, afin de faire entrer un maximum de lumière naturelle.

Conseil n°8: Les pieds mis au froid peuvent vous donner un rhume. N'oubliez pas de porter des chaussettes. Ou, si vous pouvez, investissez dans un **chauffage au sol**.

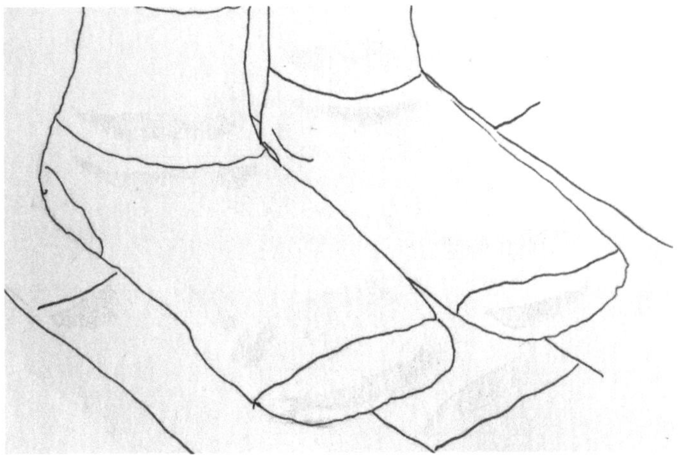

Questions à propos de votre maison à méditer:

- Dans quels voisinages voudrais-je habiter? Où aime-je vivre? Comment sont mes voisins?

- A quoi dois-je faire attention quand je cherche une nouvelle maison? Comment peux-je m'y préparer? Quels sont mes exigences principales? Comment peux-je contrôler le voisinage avant d'y habiter?

- Quels 'grands changement' ai-je toujours eu envie de faire à ma maison? Combien couteraient-ils? Vont-ils vraiment améliorer ma vie?

Section bonus 2: Les enfants à la maison

Les enfants: pour certains PHS, c'est le cauchemar. Et pour d'autres, c'est un rêve. Et pour encore plus, c'est les deux. Les enfants n'ont pas encore appris à juger les autres et ils sont faciles à trouver une connection. Il n'ont non plus pas encore appris à parler de banalités, une chose que les PHS n'aiment pas trop.

Mais les PHS ont aussi des difficultés à gérer des bébés pleurants, l'odeur des pampers, des enfants qui courent dans tous les sens et bien d'autres aspects des enfants. Le manque de contrôle est difficile. Pourtant, les enfants PHS ont tendance à être de bons parents. Par exemple, ils 'sentent' ce dont les enfants ont besoin. Voyons quelques conseils à appliquer avec les enfants.

Conseil n°1: N'oubliez pas **vous-même**. Les enfants sont des miroirs des parents. C'est pour cela que vous devez d'abord vous soigner, par exemple avec les astuces de ce livre. Si vous n'acceptez pas vous-même, vos enfants auront aussi des difficultés à s'accepter eux-mêmes. Focalisez-vous sur la tâche d'être un bon parent, et pas de satisfaire chaque besoin de vos enfants.

Conseil n°2: Quand vous avez besoin de **temps pour vous-même**, expliquez cela à vos enfants. S'ils comprennent que vous avez besoin de temps pour vous-même, ils comprendront qu'ils peuvent prendre du temps pour eux-mêmes aussi. C'est la même chose pour le respect. Au plus tôt qu'ils l'apprennent, au mieux.

Conseil n°3: Vous avez un **bébé** qui **crie trop**? Les bébés peuvent être tenus dans une position particulière, qui ressemble à leur position dans l'utérus. Tenez-les dans cette position afin d'arrêter leurs pleurs. Cherchez sur Google 'bébé calmer pleurs technique' et trouvez plus d'informations et des vidéos.

Conseil n°4: N'achetez pas **trop de livres**. Les PHS ont tendance à acheter trop de livres pour éduquer leurs enfants. Parfois, les conseils se contredisent. Ceci peut vous embrouiller, et vous n'avez pas besoin d'embrouillements.

Conseil n°5: Contrôlez quand sont les **moments les plus occupés**. Normalement, ce sont les précipitations du matin et juste avant le repas du soir. Preparez-vous et pensez comment améliorer ces situations. Par exemple, en faisant jouer vos enfants le même jeu juste avant de manger. Ou en ayant vos boules Quies à portée de main.

Conseil n°6: Laissez vos enfants utiliser **le jardin** le plus que possible. Ou dans le parc. A l'intérieur, il est plus facile d'avoir des tensions.

Conseil n°7: **Limitez l'accès à leurs jeux**. Ne les donnez pas toujours accès à chaque jeu. Cela limite le désordre et facilite le rangement. Limitez aussi les endroits où ils peuvent jouer.

Conseil n°8: Commencez régulièrement des activités plus grandes avec **une règle ou une limite**. Par exemple, cache-cache, mais pas se cacher dans la cuisine. Ou: bataille de coussins sans pieds dans le canapé. Ou: seulement une heure de télé. L'idée est d'établir votre autorité, ce qui peut être difficile pour les PHS.

Si vos enfants ne respectent pas la règle, punissez-les. Normalement, vous ne devrez que le faire une fois. Après, les enfants auront plus facile à respecter vos règles et ils accepteront votre autorité. Ce qui vous facilitera la vie en tant que parent.

Conseil n°9: N'achetez pas de **jeux bruyants**. Les enfants savent aussi jouer avec ceux qui ne font pas de bruits. N'achetez pas non plus des batteries pour les jeux - ces jeux font du bruit.

Conseil n°10: **Impliquez vos enfants** dans les activités autour de la maison. Si vous croyez qu'ils sont PHS, impliquez-les dans des activités 'typiquement PHS' comme la peinture ou la cuisine. S'ils ne le sont pas, laissez-leur faire des activités qu'ils aiment. Mais n'oubliez pas vos propres limites.

Conseil n°11: Avant de dormir, laissez-leur trouver et parler d'**une chose qu'ils ont bien fait** pendant la journée. Ils dormiront mieux, et vous pouvez faire la même chose pour vous-même.

Reflétez à propos des prochaines questions pour vos enfants:

- Est-ce qu'ils acceptent que j'ai besoin de temps pour moi-même? Peux-je en parler avec eux? Est-ce que ils ont du respect pour qui je suis? Est-ce que j'ai assez de temps pour moi-même? Comment peux-je augmenter ce temps si j'en ai besoin?

- Est-ce que je sais montrer mes émotions d'une bonne façon à mes enfants?

- Comment est-ce que je jouis du temps avec mes enfants? Comment peux-je augmenter cela? Quelles activités que j'aime peux-je partager avec mes enfants?

Pour terminer: n'oubliez pas d'utiliser les autres astuces de ce livre. Par exemple, les oreillettes peuvent vous aider à merveille. Mais c'est tellement facile de les oublier quand vos enfants pleurent.

Section bonus 3: liens intéressants

Elaine Aron, une des scientifiques qui fait des recherches auprès des PHS, a un site web qui peut tester votre niveau de sensibilité (en anglais):

- hsperson.com

- hsperson.com/test

D'autres astuces, podcasts et plus (en anglais):

- highlysensitivepeople.com

- highlysensitiveperson.net

- highlysensitive.org

- sensitiveperson.com/index.html est un site web avec plusieurs liens.

Un site en français:

- leshypersensibles.ch

Et voici mes liens (en anglais):

- Mon site web avec d'autres conseils et de l'inspiration: highsensitivepersons.blogspot.com

- Ma chaîne YouTube avec des vidéos avec des conseils: youtube.com/c/HighlySensitivePersons

- Mon cours en ligne: un cours en ligne à propos de plusieurs aspects de la vie en tant que PHS: udemy.com/highly-sensitive-persons-how-to-deal-with-your-sensitivity/?couponCode=BOOK-CODE23

- Une collection de mes livres publiés: amzn.to/2AlMCAj

Le dernier mot - l'auteur

Nous sommes arrivés à la fin du livre. J'espère que vous avez trouvé et appliqué les conseils qui facilitent votre vie.

Alain de Raymond a découvert sa sensibilité en empruntant un livre d'Elaine Aron à la bibliothèque locale, par accident. Ce qui lui a donné l'inspiration de partager ses astuces dans ce livre, sur une chaine vidéo et un cours en ligne.

Il adore apprendre des langues, dessiner, la musique et bien d'autres arts. Il a dessiné les dessins de ce livre.

A part être sensible, il aime l'économie, la politique et les autres procès qui forment notre société. Il a travaillé dans la communication pendant quelques années et a obtenu 3 diplômes en journalisme, études européennes, et la gestion.

Photo de la première page (https://pixabay.com/en/woman-girl-bella-read-sleep-2197947/) et de l'introduction sont dans le domaine public. Dessins et autres photos: © Alain de Raymond.

9 781981 336050